El Preámbulo

El espíritu de Estados Unidos

Lorin Driggs

Asesoras de contenido

Cheryl Norman Lane, M.A.Ed.
Maestra
Distrito Escolar Unificado del Valle de Chino

Jennifer M. Lopez, M.S.Ed., NBCT
Coordinadora superior, Historia/Estudios sociales
Escuelas Públicas de Norfolk

Asesoras de iCivics

Emma Humphries, Ph.D.
Directora general de educación

Taylor Davis, M.T.
Directora de currículo y contenido

Natacha Scott, MAT
Directora de relaciones con los educadores

Créditos de publicación

Rachelle Cracchiolo, M.S.Ed., *Editora*
Emily R. Smith, M.A.Ed., *Vicepresidenta de desarrollo de contenido*
Véronique Bos, *Directora creativa*
Dona Herweck Rice, *Gerenta general de contenido*
Caroline Gasca, M.S.Ed., *Gerenta general de contenido*
Fabiola Sepulveda, *Diseñadora gráfica de la serie*

Créditos de imágenes: págs.4–5 Library of Congress [LC-USZ62-995]; págs.6–9 Bill Greenhead; pág.10 Library of Congress; pág.12 (derecha) Godot13 a través de Wikicommons; pág.15 Library of Congress [LC-USZ62-77909]; pág.16 (izquierda) Executive Office of the President of the United States; pág.16 (medio) Department of Defense. Department of the Navy. Naval Photographic Center; pág.17 USAGov; pág.19 North Wind Picture Archives/Alamy; pág.20 Everett Collection Historical/Alamy; pág.25 Michael Ventura / Alamy Stock Photo; págs.28–29 Architect of the Capitol; todas las demás imágenes cortesía de iStock y/o Shutterstock

Library of Congress Cataloging-in-Publication Data

Names: Driggs, Lorin, author. | iCivics (Organization), other.
Title: El preámbulo : el espíritu de estados unidos / Lorin Driggs, iCivics.
Other titles: Preamble. Spanish
Description: Huntington Beach : Teacher Created Materials, 2021. | Includes index. |
Audience: Grades 2-3 | Summary: "In 1787, the course of U.S. history changed
 forever. The nation's leaders met to outline how the young nation would run. They called
 their work the Constitution. It starts with the Preamble. The first three words of the
 Preamble capture what mattered most to the writers: "We the people....""-- Provided by publisher.
Identifiers: LCCN 2021039700 (print) | LCCN 2021039701 (ebook) | ISBN
 9781087622804 (paperback) | ISBN 9781087624129 (epub)
Subjects: LCSH: United States. Constitution. Preamble--Juvenile literature.
 | Constitutional law--United States--Juvenile literature. | Civics--Juvenile literature.
Classification: LCC KF4550.Z9 D7518 2021 (print) | LCC KF4550.Z9 (ebook)
 | DDC 342.73--dc23/eng/20211004
LC record available at https://lccn.loc.gov/2021039700
LC ebook record available at https://lccn.loc.gov/2021039701

5482 Argosy Avenue
Huntington Beach, CA 92649-1039
www.tcmpub.com

ISBN 978-1-0876-2280-4

Contenido

1787

La guerra con Inglaterra había terminado. Estados Unidos de América era una nación libre. Pero pronto el país comenzó a tener problemas. El gobierno era débil. Tenía muy poco dinero. La gente no era feliz. Había que hacer algo. De lo contrario, la nueva nación fracasaría.

En mayo de 1787, George Washington viajó a Filadelfia, Pensilvania. Otros líderes se reunieron allí con él. Su trabajo era arreglar lo que no funcionaba. El futuro de la nación estaba en sus manos.

Se reunieron durante cuatro meses. Hablaron. Redactaron. Debatieron. Volvieron a redactar. Finalmente, se pusieron de acuerdo.

Washington y otros líderes en 1787

Salta a la ficción

Un gran día
para Filadelfia

La fila es muy larga, mamá. ¡No nos iremos nunca! ¿No podemos ir al parque, mejor?

VOTE AQUÍ

Votar es mi derecho según la Constitución. Es una parte importante de ser ciudadana de Estados Unidos. No importa cuánto tenga que esperar en la fila.

¿Qué es la Constitución?

¿Por qué es importante votar?

¿En serio es para tanto?

Tienes muchas preguntas, hijo. Las respuestas están aquí en Filadelfia. Te mostraré.

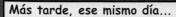

Bien, Rudy. Ya puedo darte algunas respuestas. Pero antes debemos hacer un pequeño viaje. Sígueme.

¡Súbete a mi máquina del tiempo!

Bienvenido a Filadelfia. Es el 17 de septiembre de 1787. Veamos qué está pasando.

Vuelve al texto de no ficción

Palabras que guían

"Nosotros, el Pueblo de los Estados Unidos..."

Hoy en día hay 50 estados en Estados Unidos. En 1787, solo había 13. Doce de esos estados enviaron personas para que ayudaran a redactar la **Constitución**. Sí, esos escritores querían lo mejor para sus estados. Pero sobre todo querían lo mejor para el pueblo de Estados Unidos. Si no hacían un buen trabajo, todo el pueblo sufriría.

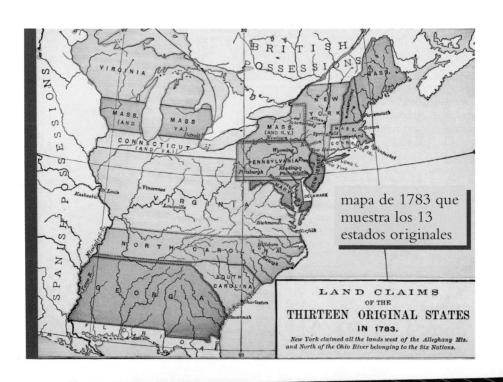

mapa de 1783 que muestra los 13 estados originales

LAND CLAIMS
OF THE
THIRTEEN ORIGINAL STATES
IN 1783.

New York claimed all the lands west of the Alleghany Mts.
and North of the Ohio River belonging to the Six Nations.

Hoy en día llamamos "artífices" a los autores de la Constitución. Ellos crearon el **marco** para nuestro gobierno. Todas las leyes de Estados Unidos están basadas en ese marco. Allí dice qué significa ser **ciudadano**.

El **Preámbulo** es una introducción. Nos da pistas acerca de qué trata la Constitución. Nos muestra qué pensaban los artífices que era lo más importante.

El día que Franklin lloró

Benjamin Franklin fue la persona de más edad en firmar la Constitución. Tenía 81 años. No estaba bien de salud y necesitó ayuda para firmar. Por sus mejillas corrieron lágrimas de alegría mientras escribía su nombre.

Piensa y habla

¿Por qué lloró Ben Franklin? ¿Por qué otras razones lloramos, además de la tristeza?

Estados *Unidos* de América es un conjunto de estados que trabajan como un todo. El objetivo de esa unión es ayudar a todas las personas. Un mismo gobierno une a todos los estados. Ese gobierno se llama gobierno **federal**.

En 1787, los estados no parecían estar muy unidos. El dinero era un gran problema. Cada estado podía crear su propia moneda. Y el gobierno federal no podía recaudar **impuestos**. No podía pagar un ejército. No podía pagarle al presidente. No podía pagarles a otros trabajadores. No podía hacer mucho.

moneda específica de distintos estados en el siglo XVIII

George Washington fue presidente de 1789 a 1797.

A Estados Unidos le estaba yendo mal. La Constitución salvó al país. Logró mantener el gobierno federal. El gobierno federal crea la moneda del país. Recauda impuestos para pagar todo tipo de proyectos y servicios y, también, para pagarles a sus trabajadores.

¿Qué pueden hacer los estados? ¿Qué puede hacer el gobierno federal? ¿Qué derechos tienen las personas? La Constitución tiene las respuestas. Hace que la unión sea más fuerte.

El gasto, ayer y hoy

En 1792, el gobierno de Estados Unidos gastó poco más de $5 millones (que serían unos $136 millones en la actualidad). En 2020, gastó $6.5 billones.

"establecer Justicia..."

Los artífices de la Constitución pensaron mucho en la **justicia**. La justicia significa que todos son iguales ante la ley. Los estadounidenses no recibían un trato justo por parte de Inglaterra. Por eso lucharon para ser libres.

La Constitución toma con mucha seriedad el tema de la justicia. Tiene reglas sobre qué es legal y qué no. Explica cómo funcionan los **tribunales**. Enumera los derechos de los ciudadanos. Por ejemplo, los ciudadanos tienen derecho a decir lo que piensan. Eso se llama libertad de expresión. Los ciudadanos tienen derecho a practicar la religión que quieran. Y tienen derecho a no practicar ninguna religión. Eso se llama libertad de culto.

Estas personas usan su derecho a la libre expresión.

Este dibujo muestra a un indígena estadounidense al que no le permiten votar.

La Constitución dice que las leyes nacionales deben tener el mismo significado en todos los estados. Deben ser justas para todos los ciudadanos. No importa qué trabajo tengan. No importa dónde vivan. No importa cuánto dinero ganen. La justicia es para todos.

Los excluidos

El Preámbulo no habló de justicia para las personas esclavizadas ni para los indígenas. Ellos no tenían los mismos derechos que el resto. Uno de esos derechos era el voto. Hace mucho tiempo, en la mayoría de los estados solo podían votar los hombres blancos que tuvieran tierras. Ninguna mujer podía votar.

Los artífices de la Constitución querían asegurarse de que ninguna persona ni ningún sector del gobierno tuviera demasiado poder. Eso también era parte de ser justos.

La Constitución dividió al gobierno en tres partes. A esas partes se les llama *poderes*. Los tres poderes tienen distintas funciones, pero están en equilibrio. Ningún poder es más importante que el otro. Tienen que trabajar juntos. Uno de los poderes crea las leyes. Ese es el **Congreso**. Cada estado envía sus representantes al Congreso. Otro de los poderes se asegura de que las leyes se cumplan. El presidente está a cargo de ese poder. El tercer poder decide qué significan las leyes. Ese es el sistema de tribunales. Incluso hoy en día, las nuevas leyes no pueden ir en contra de la Constitución.

Legislativo
(Crea las leyes).

Ejecutivo
(Hace cumplir las leyes).

Judicial
(Interpreta las leyes).

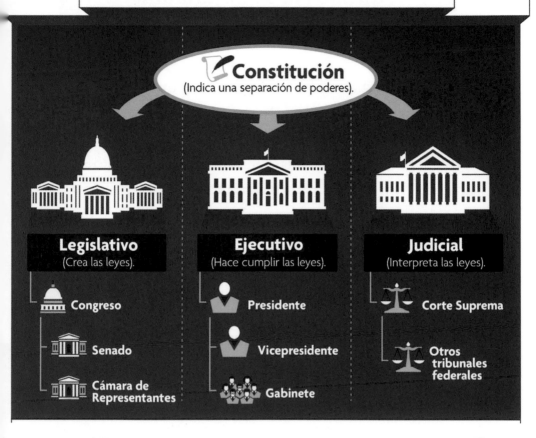

Constitución
(Indica una separación de poderes).

Legislativo
(Crea las leyes).

- Congreso
- Senado
- Cámara de Representantes

Ejecutivo
(Hace cumplir las leyes).

- Presidente
- Vicepresidente
- Gabinete

Judicial
(Interpreta las leyes).

- Corte Suprema
- Otros tribunales federales

¿Qué decir?

Uno de los temas que tuvo que resolver el nuevo **Senado** de Estados Unidos fue cómo llamar al presidente. Algunos sugirieron llamarlo "su Alteza Electa" e "Ilustre y Excelentísimo Presidente". Ambos títulos avergonzaron al presidente Washington. Entonces, el Senado optó por "Sr. presidente". Cuando se elija a una mujer, se le llamará "Sra. presidenta".

"afirmar la Tranquilidad interior..."

En 1787, Estados Unidos estaba en apuros. La guerra había sido costosa. Las personas tenían deudas. Luchaban por sobrevivir. Los granjeros tenían problemas. Muchos habían pedido dinero prestado para cultivar más alimentos durante la guerra. Tenían que devolverlo. La mayoría no podía pagar lo que debía. Varios perdieron sus tierras. Algunos fueron a prisión por sus deudas. Hubo **motines** y otros hechos de violencia. El débil gobierno no tenía poder para actuar. Los artífices de la Constitución querían que esos problemas pudieran resolverse.

La Constitución cambió la situación. El gobierno pudo pagar los costos de la guerra. Tuvo el poder que necesitaba para controlar los motines y la violencia en los estados. La tranquilidad **interior** que se menciona arriba significa paz en casa. La Constitución logró que eso fuera posible.

Piensa y habla

En la imagen de la página 19, ¿se muestra tranquilidad interior? Explícalo.

Unos granjeros se amotinan durante la Rebelión de Shays.

"proveer la defensa común..."

Los artífices de la Constitución también debatieron sobre la mejor forma de proteger a la nueva nación. ¿Qué pasaría si la atacaba otro país? Estados Unidos no tenía ejército. El gobierno federal estaba indefenso. No tenía dinero para comprar armas. Tampoco podía pagarles a los soldados ni comprarles uniformes. El dinero no era el único problema. Las reglas no dejaban en claro quién debía defender la nación. Hasta ese momento, cada estado se ocupaba de su propia defensa.

Los artífices de la Constitución tenían que encontrar la manera de proteger a toda la nación. Entonces, pusieron al presidente al mando de las fuerzas armadas. Ese cargo se llamó "comandante en jefe". Pero los artífices no querían que el presidente tuviera demasiado poder. Por lo tanto, escribieron que el Congreso debía compartir ese poder. Indicaron que solamente el Congreso podía declarar la guerra.

El presidente Franklin Roosevelt firma una declaración de guerra enviada por el Congreso.

miembros de las
fuerzas armadas

¿Qué debe hacer el gobierno por su pueblo? ¿Cómo debe cuidarlo? Los artífices de la Constitución pensaron en esos temas. Usaron las palabras "bienestar general" en el Preámbulo. Eso quiere decir la salud, la comodidad y la felicidad de las personas.

El dinero de los impuestos se usa para hacer caminos y puentes.

Las personas necesitan aire puro y agua limpia.
Necesitan caminos y puentes seguros. Necesitan leyes
que las protejan y las traten de manera justa. Necesitan
un gobierno que trabaje para todos. Esos son solo algunos
ejemplos. El gobierno puede hacer esas cosas porque puede
aprobar leyes. Puede gastar dinero para que las cosas se
hagan. Tiene dinero para gastar porque puede recaudar
impuestos. Esas funciones aparecen en la Constitución.

Piensa y habla

¿Qué otra cosa, si la hay,
crees que debería hacer el
gobierno por ti?

"y asegurar para nosotros mismos y para nuestros Descendientes los Beneficios de la Libertad, estatuimos y sancionamos esta Constitución para los Estados Unidos de América".

La **libertad** fue uno de los principales motivos por los que la gente vino a lo que hoy es Estados Unidos. Más tarde, esas personas pelearon una guerra para liberarse del dominio inglés. Los artífices de la Constitución pensaron mucho en lo que significaría la libertad para la nueva nación.

La Constitución tiene más de 230 años. Sus artífices no podrían haberse imaginado el mundo de hoy. Pero el sistema de gobierno que diseñaron sigue usándose. Funciona para el mundo como lo conocemos hoy. Estados Unidos sigue siendo una nación de leyes. Los estadounidenses siguen siendo libres.

Cuando alguien no cumple con las leyes de la Constitución, es posible que tenga que presentarse ante un tribunal.

Las personas y los países cambian. La Constitución fue una guía en el pasado. Es una guía ahora y lo será también en el futuro. Siempre y cuando el pueblo siga la Constitución, Estados Unidos sobrevivirá. Siempre y cuando se respete la Constitución, los estadounidenses seguirán siendo libres.

A la vista

Cualquier persona puede ver la Constitución original. Está en Washington D. C. Es la constitución más antigua que haya sido redactada por un gobierno importante.

Cambiar la Constitución

La Constitución original era corta: solo tenía cuatro páginas. Estaba escrita a mano. Ahora es mucho más larga. ¿Por qué? Sus artífices fueron muy inteligentes. Pensaron en el futuro. Incluyeron una forma de cambiar la Constitución.

Cambiar la Constitución no es fácil. Puede llevar mucho tiempo. Primero, el Congreso debe aprobar el cambio. Luego, tres cuartos de los estados tienen que votar para aprobarlo. Hay 50 estados en la actualidad. Eso quiere decir que 38 estados deben estar de acuerdo con el cambio.

la Carta de Derechos

Los cambios a la Constitución se llaman **enmiendas**. Hasta el momento, ha habido 27 enmiendas. Las primeras 10 enmiendas se agregaron en 1791. Aparecen en una sección llamada Carta de Derechos.

Una mujer vota para presidente en 1920.

Libertad y derechos

¡Se han sugerido más de 11,000 enmiendas! Se aprobaron solo 27. Por ejemplo, la Decimotercera Enmienda se aprobó en 1865. Esa enmienda puso fin a la esclavitud. En 1920 se aprobó la Decimonovena Enmienda, que les dio a las mujeres el derecho legal de votar.

El espíritu de una nación

¿Qué esperaban los artífices de la Constitución? El Preámbulo nos lo dice. En solo 54 palabras, los artífices presentaron el resto del documento. Escribieron sobre lo que era importante. Escribieron de qué manera funcionaría el país.

El Preámbulo nos dice los valores que Estados Unidos defendía en 1787. Los estadounidenses siguen creyendo en esos **ideales**. Creen que las personas deben ser libres. Creen que los estados deben estar unidos. Creen en la justicia para todos. Quieren que haya paz en el país. Quieren que a todos los ciudadanos les vaya bien. También quieren libertad, ahora y en el futuro.

El Preámbulo es la única parte de la Constitución que no se puede cambiar. Es el espíritu de la Constitución. Es el espíritu de los Estados Unidos de América.

Piensa y habla

Escoge a una persona de esta imagen. ¿Qué crees que podría estar pensando o diciendo?

Glosario

ciudadano: alguien que tiene derechos legales en un país

Congreso: la parte del gobierno que está compuesta por el Senado y la Cámara de Representantes, y que se encarga de hacer las leyes

Constitución: el marco básico del gobierno de Estados Unidos

enmiendas: cambios que se hacen a las leyes o a los documentos legales

federal: relativo al gobierno principal o central de una nación

ideales: ideas o normas que buscan la excelencia o la perfección

impuestos: dinero que pagan las personas y las empresas para sostener al gobierno

interior: dentro del propio país

justicia: un trato justo e igualitario ante la ley

libertad: la condición de ser libre, de poder escoger la manera de actuar

marco: la estructura o las ideas básicas de algo

motines: manifestaciones violentas contra la autoridad, realizadas por personas que están enojadas por algo

Preámbulo: la introducción de la Constitución de Estados Unidos, que resume los objetivos de la Constitución

Senado: el más pequeño de los dos grupos que forman el Congreso de Estados Unidos

tribunales: organismos del Poder Judicial donde se interpretan las leyes

Índice

Civismo en acción

El Preámbulo nos dice qué ideas defiende Estados Unidos. Nos permite saber qué valores son importantes para el país. Puedes escribir un preámbulo para tu clase. Así, otros estudiantes sabrán qué valores son importantes para tu clase.

1. Haz una lista de lo que es importante en el Preámbulo de la Constitución de Estados Unidos.

2. Haz una lista de lo que es importante en tu clase.

3. Haz un borrador del preámbulo de tu clase. Para redactarlo, imita la estructura del Preámbulo de la Constitución de Estados Unidos.

4. Haz un cartel con tu preámbulo. Incluye imágenes que expliquen lo que escribiste.